Impressum
Verlag: BABADADA GmbH, Nedderfeld 112 , 22529 Hamburg
Geschäftsführer / Verlagsleitung: Harald Hof
Druck: Books on Demand GmbH, In de Tarpen 42, 22848 Norderstedt

Imprint
Publisher: BABADADA GmbH, Nedderfeld 112 , 22529 Hamburg, Germany
Managing Director / Publishing direction: Harald Hof
Print: Books on Demand GmbH, In de Tarpen 42, 22848 Norderstedt

دبستان

shule

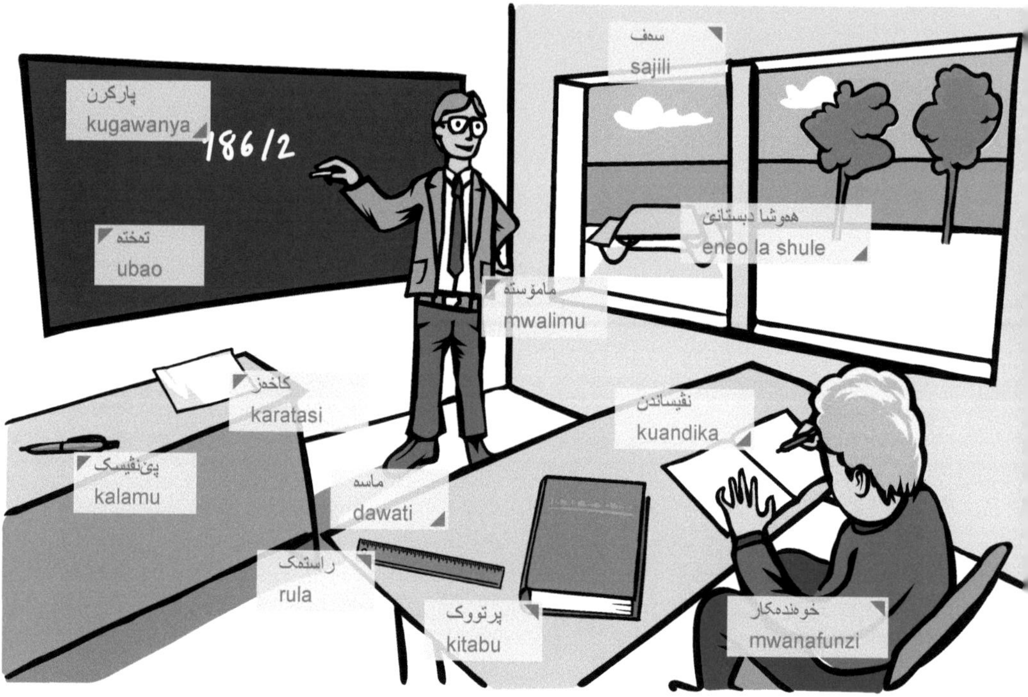

سەف
sajili
پارکرن
kugawanya
186/2
تەختە
ubao
هەوشا دبستانێ
eneo la shule
مامۆستە
mwalimu
کاخەز
karatasi
نڤیساندن
kuandika
پێنڤیسک
kalamu
ماسە
dawati
راستەک
rula
پرتووک
kitabu
خوەندەکار
mwanafunzi

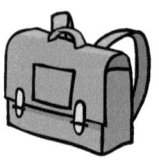

چەوال

mkoba

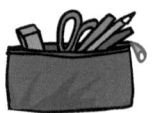

قووتی نڤیستۆک

kikasha cha penseli

قەلەمرساس

penseli

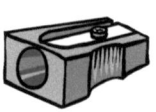

نڤیستۆک تووژکر

kichonga penseli

ژێبر

mpira

نڤیسکا نیگارێ

pedi ya kuchora

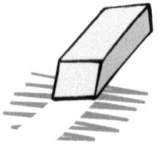

نیگار

uchoraji

فرچەیا رەنگئ

brashi ya rangi

قووتی رەنگ

sanduku la rangi

مەقەس

mkasi

لەزاق

gundi

پەرتووکا فێرەربوون

daftari

وەزیفا ماڵئ

kazi ya nyumbani

12

هەژمار

nambari

2+2

زێدەمکرن

jumlisha

5-2

دەرخستن

ondoa

2×2

زێدەمکرن

zidisha

هەسباندن

kokotoa

A

تیپ

barua

ABCDEFG HIJKLMN OPQRSTU VWXYZ

ئالفابه

alfabeti

hello

پەیڤ

neno

نۆیسى
....
maandishi

خواندن
....
kusoma

گمچ
....
chaki

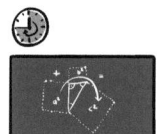

دەرس
....
somo

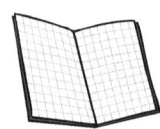

قەیدىكرن
....
sajili

ئيمتيهان
....
uchunguzi

شەهاده
....
cheti

كنجا دبستانێ
....
sare za shule

پەروەردەهى
....
elimu

زانستنامه
....
elezo

زانينگه
....
chuo kikuu

ميكرۆسكووپ
....
darubini

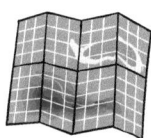

خەريتە
....
ramani

سەپەتا كاخەزێ
....
kikapu cha kuweka karatasi
chafu

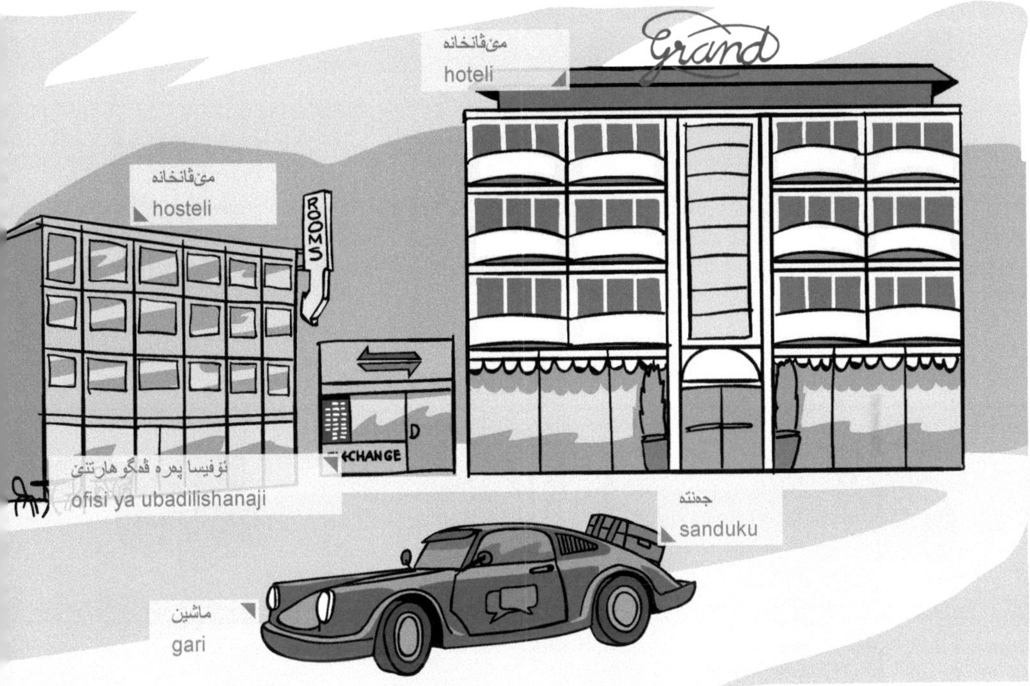

Grand
مێڤانخانە
hoteli
مێڤانخانە
hosteli
ROOMS
ئۆفیسا پەرە ڤەگوهارتنێ
ofisi ya ubadilishanaji
CHANGE
جەنتە
sanduku
ماشین
gari

زمان

lugha

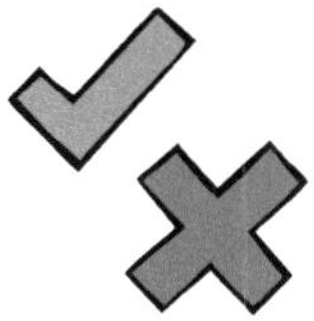

بەلێ / نا

ndiyo / la

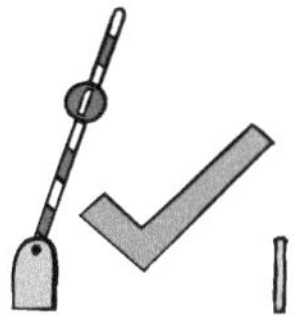

باش

sawa

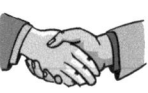

سلاڤ

hujambo

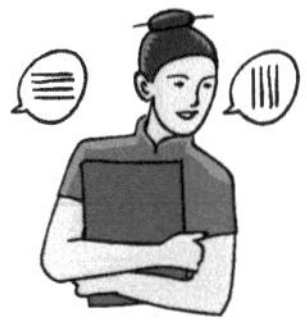

وەرگێرا نڤیسکی

mtafsiri

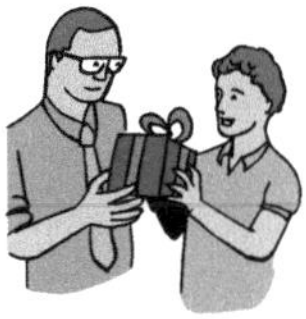

سپاس

Asante

بهایی ... چ قاسه؟
kiasi gani ni ...?

ئەز فام ناکەم
Sielewi

ناڕێشد
tatizo

ئێوارەباش!
Jioni njema!

سپێدەی باش!
Habari za asubuhi!

شەڤ باش!
Usiku mwema!

خاتری ئە تد
kwa heri

نالی
mwelekeo

هوورموور
mizigo

چەنتە
mfuko

چەنتە پشت
shanta

مێڤان
mgeni

ژوورە
chumba

جامە خەو
begi la kulalia

چادر
hema

ناگاگیئن گیرۆکان

taarifa ya utalii

رەمخۇئ ئاقئ

ufuo

کارتئ قەرزئ

kadi

تاشتئ

kifunguakinywa

فراقئن

chakula cha mchana

ئیئث

chakula cha jioni

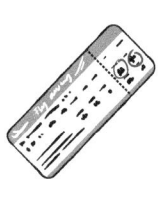

کارت

tiketi

ئاسانسۆر

kuinua

پوول

muhuri

تخووب

mpaka

گۇمرک

mila

بالیۆزخانه

ubalozi

ڤیزا

visa

پاساپۆرت

pasipoti

فرۆكه
ndege

گەمى
meli

ئەرەبە ناگرەكروژ
injini ya moto

تۆتۆيبووس
basi

كامىون
lori

پاپۆرا ماتۆرى
motaboti

دووچەرخە
baiskeli

ماشىن
gari

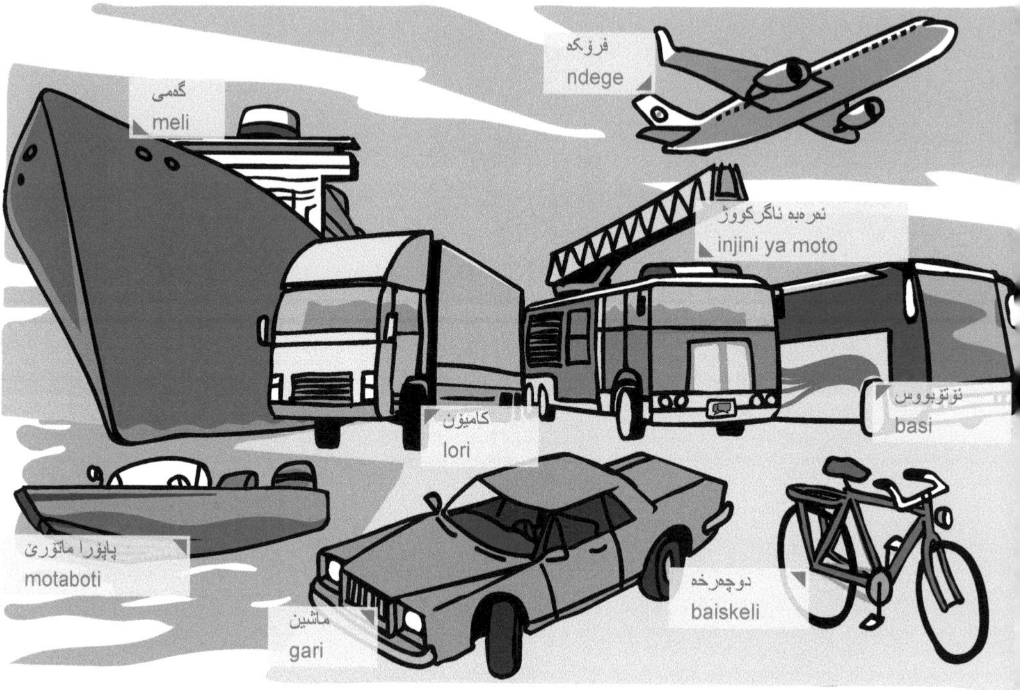

پاپۆر
feri

پاپۆر
mashua

مۆتۆرسىكلىت
pikipiki

ترمبىلا پۆلىسى
gari la polisi

ترمبىلا پۆيشبازيى
gari la mashindano

ئەرەبە كرىكرنێ
gari la kukodisha

ماشین پەرەقمەکرن

kushiriki gari

کامیۆنا کشاندنێ

lori la kuvuta

کامیۆنا خوەملی

ukusanyaji taka

مۆتۆرسیکلێت

motor

مازۆت

mafuta

ئیستەگەها بەنزینێ

kituo cha mafuta

تابلۆیا ترافیکێ

ishara trafiki

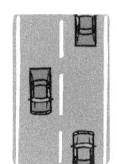

هاتنووچوون

trafiki

ترافیک

msongamano

جهێ پارکێ

maegesho

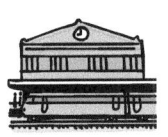

ڕاوەستەگەکا ترێنێ

kituo cha treni

ڕێچ

reli

ترێن

garimoshi

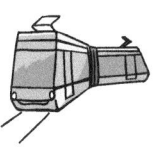

ترێنێ کۆلانێ

tremu

ئەرەبە

gari la mizigo

بابرۆک

helikopta

بالافرگمه

uwanja wa ndege

برج

mnara

مسافر

abiria

قووتی

chombo

قووتی

katoni

گرگرزۆک

mkokoteni

سطلک

kikapu

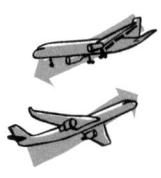

رابوون / نیشتن

ondoka

باژار

jiji

گوند

kijiji

ناوەندا باژارێ

katikati ya jiji

خانی

nyumba

سینەما
sinema

رێکلام
tangazo

چرایی رێیی
taa za mitaani

رێ، کۆلان
barabara

تاکسی
teksi

دکان
duka la vitafunio

پیا
mtembea kwa migu

پیاری
njia ya waenda kwa miguu

رێیا دەربازبوونی
kivuko

قووتی
pipa

رێیا دەربازبوونی
kuvuka

چرایێن ترافیکێ
taa za trafiki

کۆخ
kibanda

خانی
gorofa

راوەستمکا ترێنێ
kituo cha treni

تەملارا شارەڤانی
ukumbi wa mji

موورزمخانه
Makavazi

دبستان
shule

زانینگه

chuo kikuu

بانک

benki

نمخوشخانه

hospitali

میئۇانخانه

hoteli

دەرمانخانه

duka la dawa

ئۆفیس

ofisi

کتێبفرۆشی

duka la kitabu

دکان

duka

گولفرۆش

duka la maua

بازار

dukakuu

بازار

soko

سوپەرمارکەت

idara ya kuhifadhi

ماسیفرۆش

mwuza samaki

ناڤەندا کڕین

kituo cha ununuzi

بەندەرم

bandari

پارک

Hifadhi

سەكوو

benki

پر

daraja

دەرنجە

vidato

ژێر زەردی

chini ya ardhi

تونئل

handaki

ئیستگەها ئۆتۆبووس

kituo cha mabasi

بار

bar

خوارەنگە

mgahawa

سندووقا پۆستێ

sanduku la posta

نیشاندەرکا رێیێ

ishara ya barabara

مەترا پارکینگێ

mita ya maegesho

باخچا هەیوانان

bustani ya wanyama

هەوزا مەلەڤانی

kidimbwi cha kuogelea

مزگەفت

msikiti

جۆتگە

shamba

لە‌وتاندنا ده‌رده‌ور

uchafuzi

گۆرستان

makaburini

که‌نیسە

kanisa

نه‌ردی له‌میستنی

uwanja wa michezo

په‌رستگه‌

hekalu

تەبیعەت

mazingira

گەلا
jani

نیشاندەرکا رێ
ishara ya mwelekeo

رێ
njia

مه‌رگ
malisho

که‌ڤر
jiwe

دار
mti

گەرۆک
mtembeaji wa masafa

چه‌م
mto

گیا
nyasi

کولیلک
ua

دۆل
bonde

گر
kilima

گۆل
ziwa

دارستان
msitu

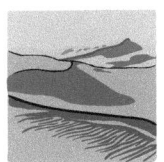

بیابان
jangwa

ڤۆلکان
volkano

کەلمە
ngome

کەسکەسۆر
upinde wa mvua

کۆارک
uyoga

دارقەسپ
mtende

مخمخک
mbu

مێش
kuruka

مێرى
chungu

هنگ
nyuki

پیرى
buibui

كۆزىزك

mende

بەق

chura

سەۆر

kuchakuro

ژیژۆك

nungunungu

كەرگوه

sungura

پەپيووك

bundi

چفيك

ndege

قوو

swan

بەرازئ كۆڤی

nguruwe mwitu

پەزكۆڤی

kulungu

پەزكۆڤی

aina ya kongoni

بەندداڤ

bwawa

تووربينا با

tabo ya upepo

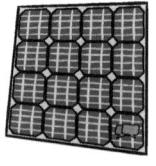

پانەلا خۆرئ

nishaji ya jua

ناڤ و هەوا

hali ya hewa

خوارنگەه

mgahawa

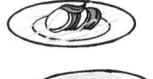

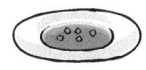

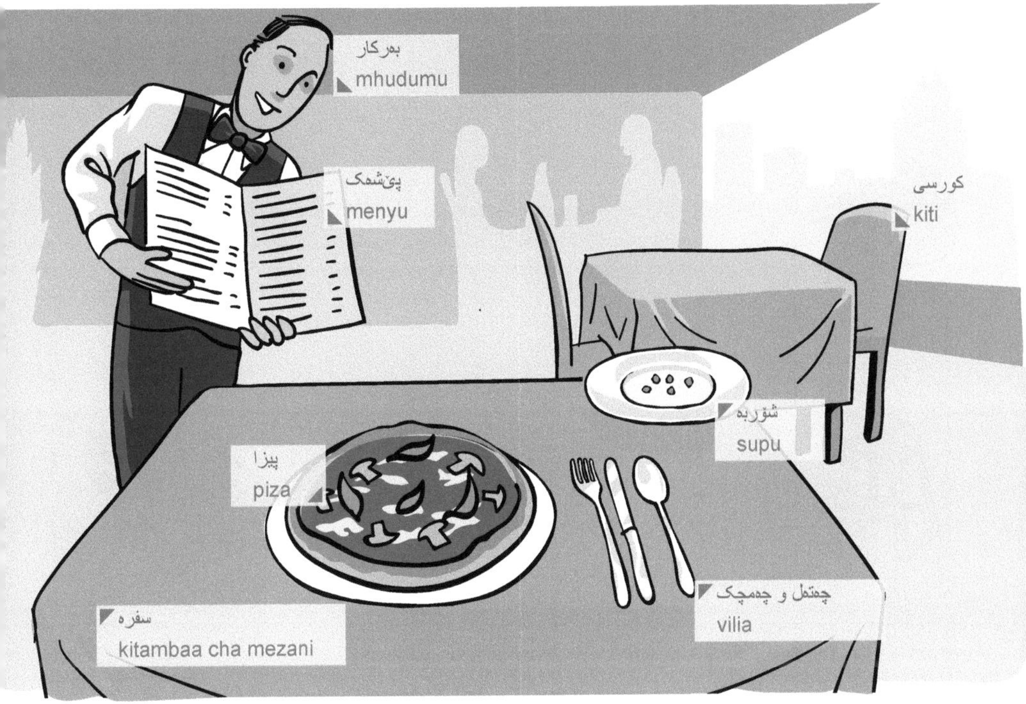

بەرکار
mhudumu
پێشەک
menyu
کورسی
kiti
شۆربە
supu
پیزا
piza
چەتەل و چەمچک
vilia
سفرە
kitambaa cha mezani

خوارنا دەستپێک

kiamsha hamu

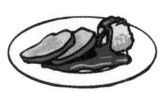

خوارنا سەرەکی

kozi kuu

شێرانی

kitindamlo

ڤەخوارنان

vinywaji

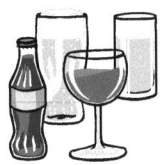

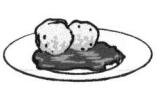

خوارن

chakula

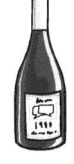

جام

chupa

خواردنا لەز

chakula cha haraka

خواردنا رێین

Streetfood

چایدانک

buli

قووتی شەکری

kisanduku cha sukari

بەش

sehemu

مەکینا چێکرنێ ئەسپرەسسۆ

mashine ya espresso

کورسیا بلیند

kiti kirefu

هەساب

muswada

سینی

trei

کێر

kisu

چەتەل

uma

کەفچی

kijiko

کەفچیا چای

kijiko cha chai

پێشگر

nepi

قەدەح

glasi

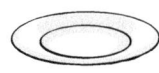

کەدیڤت
....
sahani

بەروشۆ اکڤیدەت
....
sahani ya supu

پیاله
....
sufuria

چنج
....
mchuzi

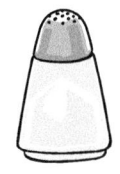

کنادیناخو
....
kichanyaji chumvi

رابیب یتوروق
....
kinu cha pilipili

کیس
....
siki

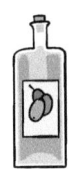

روون
....
mafuta

بهارات
....
viungo

پاچتەک
....
kechapu

موستارد
....
haradali

زنیویام
....
kachumbari nzito

پێشکئ شئن تایبهت
ofa maalum

مشتهری
mteja

شیر ممئلی
maziwa

FOR

فئ کئ
matunda

ئهرمیه
toroli

قسابی
mchinjaji

دکانا نانپئژ
mwokaji

وهزن کرن
uzito

سهبزه
mboga

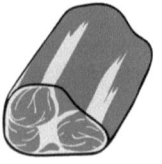

گۆشت
nyama

خوارنئ جهممهدی
chakula waliohifadhiwa

گۆشتئ سار

vipande vya nyama baridi

خواردنا پیلئ

chakula cha kopo

خووبارئ پاقژکرنئ

sabuni ya unga

شرینی

pipi

بەرهەمێن ناڤخوەیی

bidhaa za kaya

بەرهەمێن پاقژکرنئ

bidhaa za kusafisha

فرۆشیار

mtu mauzo

خەزنۆک

mpaka

درافگر

keshia

لیستا کرینئ

orodha ya manunuzi

دەمێن ڤەکری

masaa ya ufunguzi

جزدان

mkoba

کارتئ قەرزی

kadi

چەوال

mfuko

چەنتە

mfuko wa plastiki

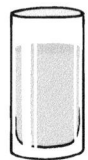

ئاڤ

maji

شەربەت

sharubati

شیر

maziwa

کۆمر

coke

شەراب

mvinyo

بیرا

bia

ئالکۆل

pombe

کاکۆ

kakao

چای

chai

قەهوە

kahawa

ئەسپرەسسۆ

spreso

کاپۆچینۆ

kapuchino

مۆز

ndizi

سێۆ

tufaha

پرتەقاڵی

machungwa

گوندۆرە

tikiti

لیمۆن

lemon

گەزەر

karoti

سیر

kitunguu saumu

قامر

mianzi

پیاز

kitunguu

قارچک

uyoga

گوێز

karanga

شەھیرە

nudo

سپاگێتی

spageti

برنج

mpunga

سەلەتە

saladi

چیپس

vibanzi

پەتەتەیا براشتی

viazi vya kukaanga

پیزا

piza

هامبورگەر

hambaga

نانۆک

sandwichi

گۆشتی ستوویی بدرخی

kipande

گۆشتی هشککری

paja la mnyama

سالامی

salami

سۆسیس

soseji

مریشک

kuku

بژارتن

choma

ماسی

samaki

شۇربە بلوول

oats ya uji

مووسلى

muesli

كەرتوزن گلگلان

cornflakes

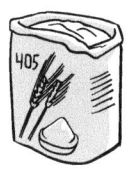

نارد

unga

جرۇسسانت

kroisanti

سەموون

andazi

نان

mkate

تۆست

mkate wa kubanika

نانك

biskuti

نېشىك

siagi

ماست

maziwa mgando

كولىچە

keki

هېيك

yai

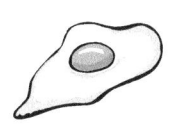

هېكا قەلاندى

yai kukaanga

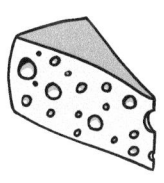

پەنىر

jibini

دۆندرمە

aiskrimu

شمكر

sukari

ھنگگ

asali

مرەبا

jemu

خامىیا نۆوگات

kuenea kwa chokoleti

كورى

mchuzi wa viungo

جۆتگەه

shamba

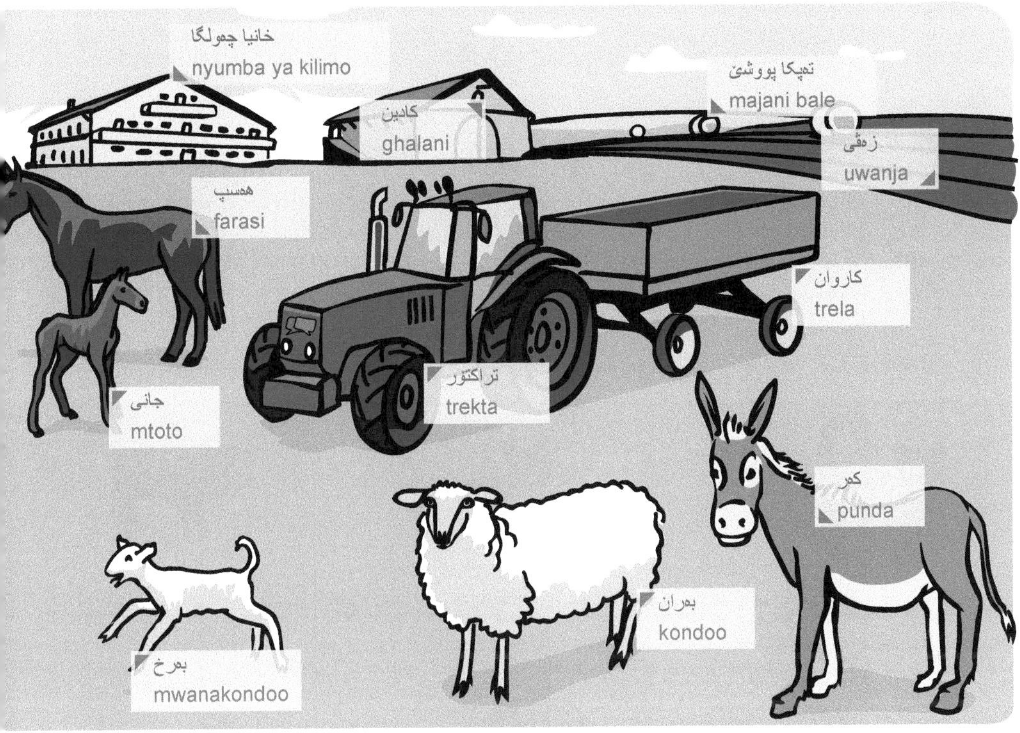

خانیا چەولگا
nyumba ya kilimo
کادین
ghalani
تەپکا پووشێ
majani bale
زەڤی
uwanja
هەسپ
farasi
کاروان
trela
تراکتۆر
trekta
جانی
mtoto
کەر
punda
بەران
kondoo
بەرخ
mwanakondoo

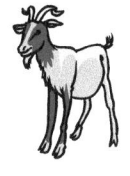

بزن

mbuzi

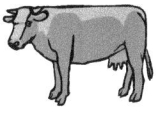

چێلەک

ng'ombe

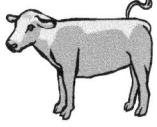

گۆلک

ndama

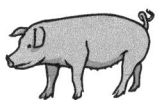

بەراز

nguruwe

خنزیرک

mwananguruwe

بۆخە

fahali

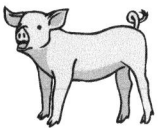

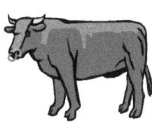

قاز

batabukini

مراڨى

bata

جووچک

kifaranga

مريشک

kuku

کەڵەشێر

jogoo

جرج

panya

کتک

paka

مشک

panya

گا

ng'ombe

کووچک

mbwa

خانیا کووچکێ

nyumba ya mbwa

خانی باخێ

bomba la bustani

قووتیکا ئاڤدانێ

debe la kumwagilia maji

شالووک

fyekeo

گاسن

kulima

28   جۆتگه - shamba

داس

mundu

مەربێژ

jembe

دارسپاک

uma wa nyasi

بڤر

shoka

دەستگەرە

toroli

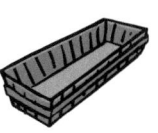

قووتی خوارنا جانداران

kupitia nyimbo

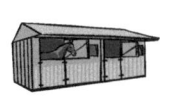

قووتی شیر

chombo cha maziwa

توور

gunia

چپەر

ua

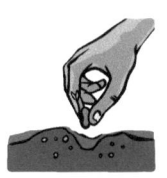

ناخور

imara

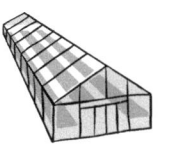

خانا کولیلکان

chafu

ناخ

udongo

دەمندک

mbegu

پەدین

mbolea

کۆمباین

kivunaji

زاد

mavuno

زاد

mavuno

پەتاتە

viazi vikuu

گەنم

ngano

فاسۆلی

soya

پەتاتە

viazi

دەخل

mahindi

دەندک

rapa

داری فڕێکی

mti wa matunda

سیڤێ بن نەردێ

muhogo

زاد

nafaka

خانى

nyumba

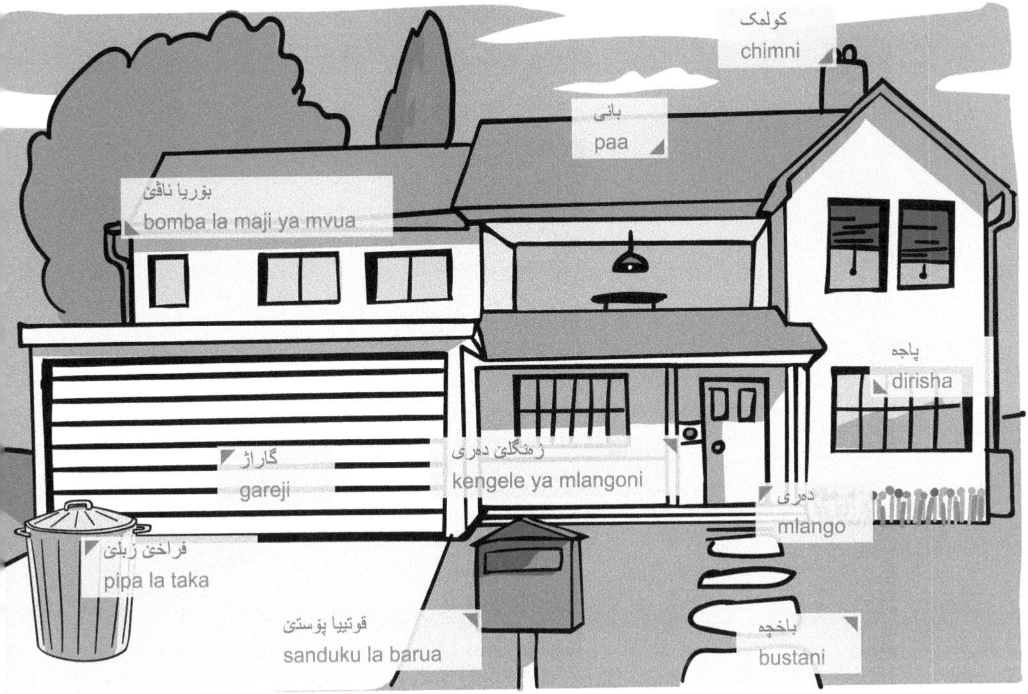
کولەک
chimni
بانی
paa
بۆریا ناڤێ
bomba la maji ya mvua
پاجە
dirisha
گاراژ
gareji
زەنگلێ دەری
kengele ya mlangoni
دەری
mlango
فراخێ زبلی
pipa la taka
قوتییا پۆستێ
sanduku la barua
باخچە
bustani

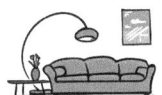

ئۆدا روونشتنێ

sebuleni

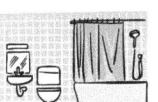

هەمام

bafu

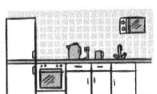

مەتبەخ

jikoni

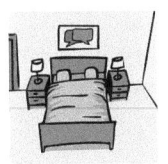

ئۆدا خەوێ

chumba cha kulala

ئۆدەیا زارۆک

chumba ya mtoto

ئۆدا شیڤێ

chumba cha kulia

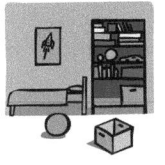

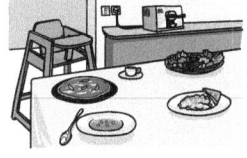

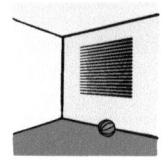

بنیٰ
....
sakafu

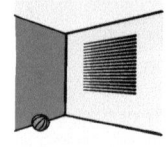

دیوار
....
ukuta

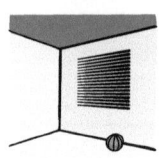

بهربان
....
dari

خهنزک
....
pishi

ساونا
....
sauna

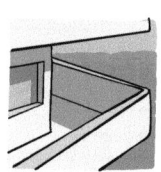

بالکۆن
....
roshani

بهردانک
....
mtaro

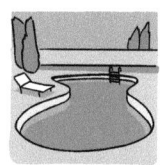

هەوزا مەلەقانی
....
kidimbwi

چیمەن بڕ
....
mashine ya kukata nyasi

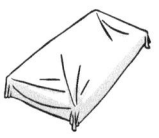

مەلەهەفە
....
karatasi

بەتانی
....
kitambaa cha kupamba kitanda

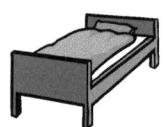

نقێن
....
kitanda

گەزک
....
ufagio

ساتل
....
ndoo

کلیل
....
kubadili

كاخەزئ دیوار
mandhari

وێنە
picha

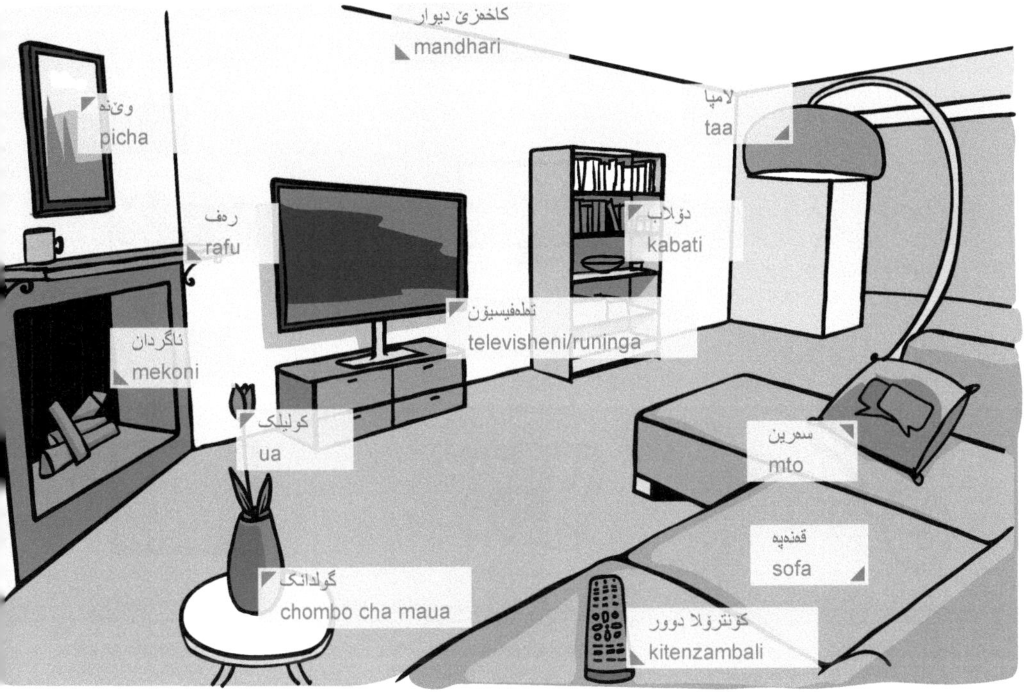

لامپا
taa

ردەف
rafu

دۆلاب
kabati

تەلەڤیسیۆن
televisheni/runinga

ناگردان
mekoni

كوللك
ua

سمرین
mto

قەنەپە
sofa

گولدانک
chombo cha maua

كونترۆلا دوور
kitenzambali

خالیچە	پەردە	مێز
zulia	pazia	meza

كورسی	كورسیا هەژانۆک	كورسی
kiti	kiti cha bembea	armchair

پرتووک

kitabu

بەتانى

blanketi

خەملاندن

mapambo

ئىزنگ

kuni

فیلم

filamu

هـ‌ف

kifaa cha hi-fi

كليل

ufunguo

رۆژنامە

gazeti

نیگار

uchoraji

پۆستەر

bango

رادیۆ

redio

دەفتەر

daftari

سۆنكا ئەلكتریكی

kifyonza

كاكتووس

dungusi kakati

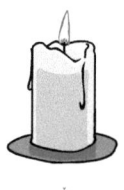

مۆم

mshumaa

مەتبەخ
jikoni

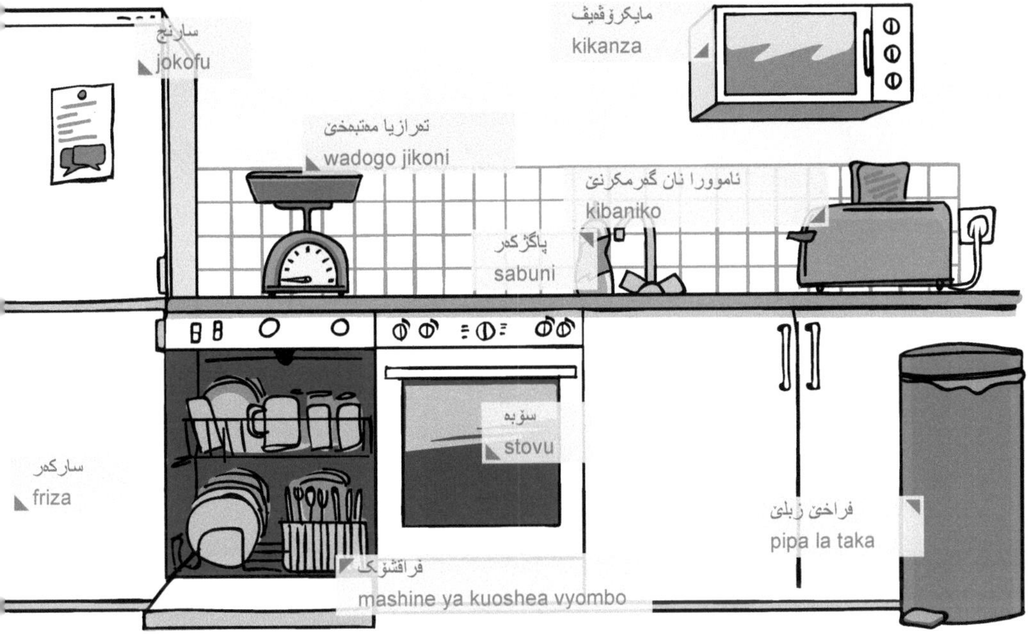

سارنج
jokofu
مایکرۆڤەیڤ
kikanza
تەرازیا مەتبەخێ
wadogo jikoni
ئامووورا نان گەرمکرنێ
kibaniko
پاگژکەر
sabuni
سۆبە
stovu
سارکەر
friza
فراخێ زبلێ
pipa la taka
فراقشۆک
mashine ya kuoshea vyombo

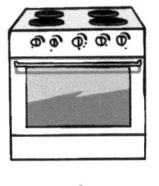

سۆبە

jiko la kupika

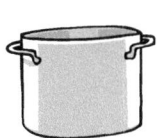

ئامان

chungu

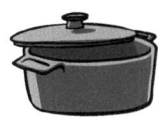

ئامای ئووتوو

sufuria ya chuma

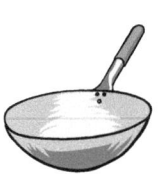

فراقێ مەزن

wok / kadai

دیزک

kaango

کەلینک

birika

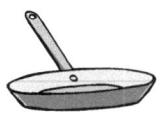

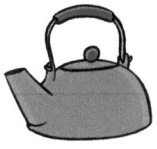

فراقئ هلمئ

stima

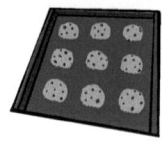

سئنى نانئ

sinia ya kuoka

فراق

vyombo vya udongo

پياله

kombe

كاسک

bakuli

دارئ نانخوارن

vijiti vya kulia

هسسک

ukawa

كەفچيا معزن

mwiko mpana

رينمک

burashi

كەفگير

kichujio

بئژنگ

chujio

رئشكەر

mbuzi

دەستار

chokaa

براشتن

barbeque

ناگرئ ڤالا

moto wazi

تەختەیا برینئ

ubao wa majaribio

داركئ تێرئ

kijiti cha kusukuma unga

دەفكە بادەمك

kizibuo

قووتی

kopo

قووتیقدەمكر

inaweza kopo

جاوئ نامانان

kishikio cha chungu

دەستشۆ

karo

فرچە

brashi

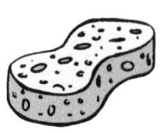

پارازۆئا

sifongo

تەفشۆنر

kisagaji matunda

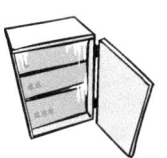

سارگەرئ جەمەمدی

friji ya kina

شووشە بەبكان

chupa ya mtoto

هەنەدەفئ

bomba

bafu

گەرمژانک
joto

دووش
mfereji wa kuogea

خاولی
taulo

پەردەیا هەمامێ
pazia la kuogea

کەڤئ هەمام
maji ya kuoga yenye povu

هەمووزا هەمام
hodhi

قەدەحە
glasi

جلشوک
mashine ya kuosha

ئاجوور
vigae

هەدنەفی
bomba

توالەتا زارۆکان
poti

دەستشۆ
karo

توالەت
choo

توالەتا ئەردی
choo cha squat

توالەت
beseni la mviringo

ئافدەستخانا مێران
choo cha umma

کاخەزا توالەت
shashi

فرشەیا توالەت
brashi ya choo

فرچمیا دران

mswaki

مهجوونا دران

dawa ya meno

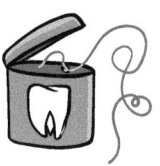

نمخا ددان

dawa ya meno

شووشتن

safisha

دووشئ دستئن

kuoga mkono

دووش

msukumo wa maji

دستنشؤ

bonde

فرچا پشت

mpako wa pili

سابوون

sabuni

جئٔلٔی هەمام

jeli ya kuogea

شامپؤ

shampuu

فانیله

flana

زئراب

toa maji

کرئم

krimu

بئٔهن خوەشکر

kiondoa harufu

مرێک

kioo

مرێکا دەستێ

kioo mkono

گووزان

kinyozi

کەفێ تەراشینێ

povu la kunyoa

ممجوونا پشتی تەراشینێ

baada ya kunyoa

شمە

kichana

فرچە

brashi

پۆر هیشککر

kikausha nywele

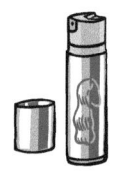

سپرایا پۆرێ

marashi ya nyewele

کۆزمەتیک

vipodozi

سۆرافک

kidomwa

رەنگێ نینۆک

varnish ya msumari

پەمبوو

pamba

مەقەستا نینۆک

mkasi wa kucha

پارفووم

manukato

چەوالێ حەمامئ

mkoba wa kuosha

کورسیا بێپشت

kinyesi

تەرازی

mizani

کنجا حەمامئ

nguo ya kuoga

لەپکا لاستیکی

glavu za mpira

تامپۆن

kisodo

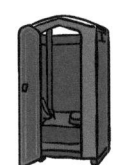

خاولیا پاقژکرنئ

sodo

توالەتا کیمیییەوی

kemikali choo

دەمژمێرک
saa ya kengele

لیستۆک
kidoli cha kupakata

ماشینا لیستۆک
gari bandia

خشخشۆک
kelele

مالا لیستۆک
chumba cha midoli

خەلات
sasa

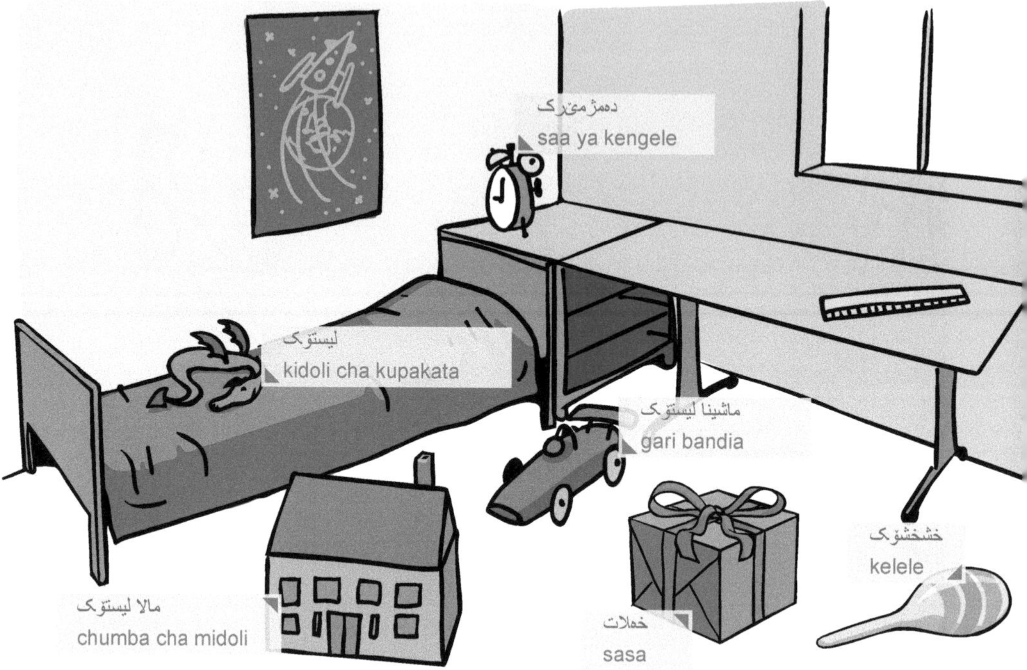

پفدانک
baluni

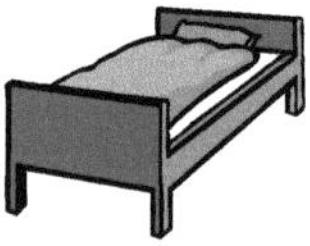

نڤین
kitanda

کۆچک
mashua

لیستکا کارتئ
staha ya kadi

فریزبی
mchezo-fumb

کۆمیک
vichekesho

42   ئۆدەیا زارۆک - chumba ya mtoto

ناجوورا لێگۆ

matofali lego

ناجوورا لیستۆک

vitalu mwigo

بووکه شووشه

hatua takwimu

کنجا بهبکان

suti ya kulalia

فرزبێن

kisahani

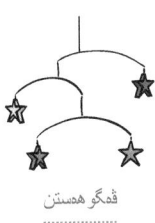

قمگو ههستن

simu

لیستکێن تهختە

ubao wa michezo

مۆر

kete

مۆدێنلا ترێنێن

garimoshi mwigo

مهمک

dummy

جەژن

chama

کتێبا وێنه

picha kitabu

تۆپ

mpira

بووکه شووشه

kikaragosi

لهیستن

kucheza

کونا خیزئ

shimo la mchanga

جۆلانه

bembea

لیستوکان

vitu bandia

لیستکا ڤیدۆیی

kiweko cha video ya mchezo

سێچەرخە

baiskeli ya magurudumu

هرچا لیستوک

mwanasesere

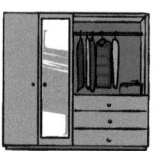

جلدانک

kabati

matatu

گۆره

soksi

گۆره

stokingi

دەرپێیگۆری

kibano

شال
skafu

چتر
mwavuli

كراس
fulana

قايش
ukanda

سۆلكئ ناف مالئ
ndara

شمكال
viatu

سۆلك
wakufunzi

سۆلك
malapa

سۆل
viatu

پۆتينا چەرمئ
mabuti ya mpira

پانتۆلئ ژئر
suruali ya ndani

پئسيربەند
sidiria

چمكبەند
fulana

جهندمک

mwili

پانترل

suruali

ژدانس

dangirizi

دامان

sketi

كراس

blauzi

كراس

shati

فانئله

vuta

فانئله

sweta

جاكئت

bleza

ساكؤ

jaketi

چاكت

koti

بارانى

koti la mvua

لمباس

maleba

فيستان

gauni

جلئ داومتئ

mavazi ya harusi

چاکیت

suti

پێجامە

vazi la usiku

پێجامە

pajama

ساری

sari

لەچک

skafu

مەزەر

kilemba

هەرام

burka

کافتان

kaftan

عەبا

abaya

کنجا ناژنێنکرن

vazi la kuogelea

جلکا مەلەقانی

vazi la kiume la kuogelea

شۆرت

kaptura

جلا هەڤۆژکاری

teitei

پێشمال

aproni

لەپک

glavu

دووگمه
kifungo

کبرچاڤك
glasi

بازن
bangili

گەردەنی
mkufu

گوستیل
pete

گوهارك
herini

دەفك
kofia

هلاقستمك
kiango cha koti

کووم
kofia

کراوات
tai

زیپ
zipu

سەرپارێز
kofia

دەرزی
kanda za suruali

کنجا دەبستانی
sare za shule

یوونیفۆرم
sare

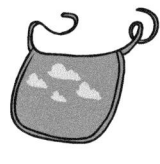

بەردلک
bibu

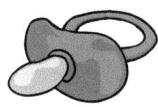

مەمک
dummy

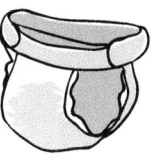

پونداخ
nepi

ئۆفیس
ofisi

پێشکەشکەر
seva
دۆلابێ بەلگە
kabati la kuweka faili
کاخەز
karatasi
چاپەر
kichapishaji
نیشاندەر
kiwambo
مشک
kipanya
ماسە
dawati
دەفتەر
folda
کلاڤیە
kibodi
سەبەتا ک
u cha kuweka karatasi chafu
کۆمپیوتەر
kompyuta
کورسی
kiti

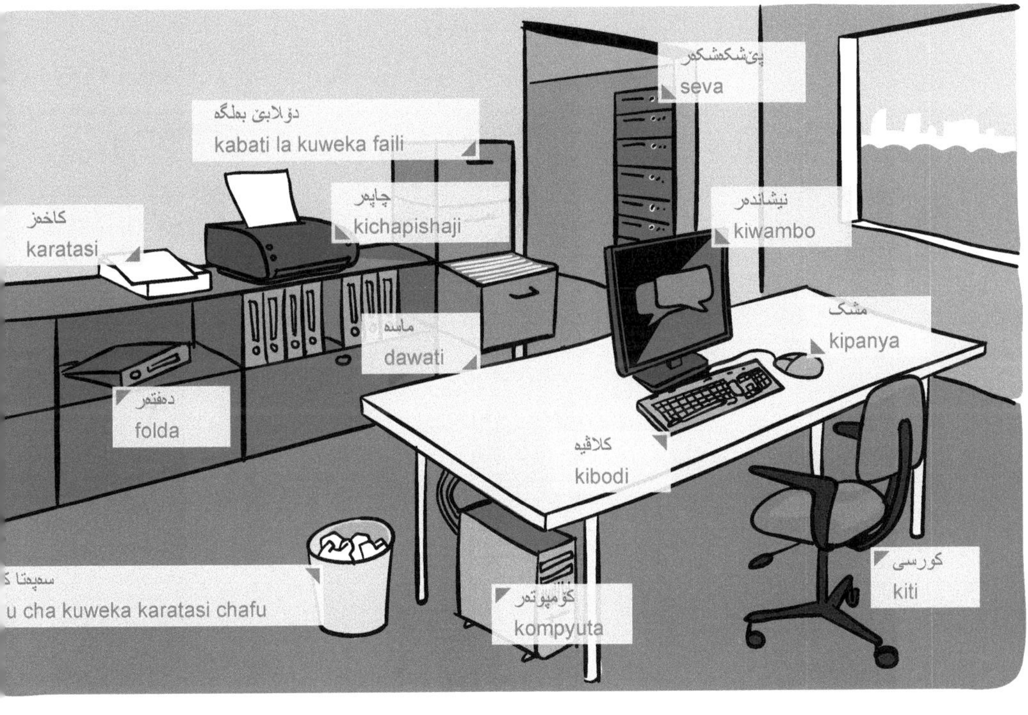

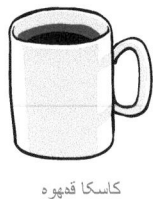

کاسکا قەهوە
kmobe la kahawa

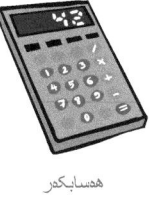

هەسابکەر
kikokotoo

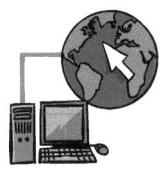

ئینتەرنەت
biashara

كۆمپيوتېرا لاپتوپ

mbali

نامە

barua

پەيام

ujumbe

تەلەفۆنا مۆبيىل

rununu

تۆر

intaneti

مەكينا فوتوكۆپى

fotokopia

سۆفتۋارە

programu

تەلەفۆن

simu

سۆجكەتا فيشەك

soketi

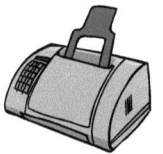

مەكينا فاخن

kipepesi

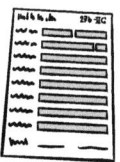

فۆرم

fomu

بەلگە

hati

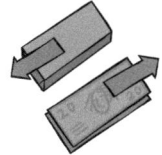

كرين

kununua

پەرە دان

kulipa

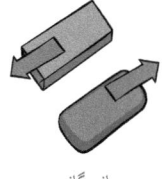

بازرگانى

biashara

پەرە

fedha

دوللار

dola

يۆرۆ

yuro

يەنى ژاپۇنى

yeni

رۇبلى رووسى

rouble

فرانكى سويسى

faranga ya Uswisi

يوانى چينى

renminbi yuan

رووپى هندى

rupia

فاراد مەمبوخژ ئارامكىنمم

eneo la kulipia

نۆفىسا پەرە قىمگوھارتتى

ofisi ya ubadilishanaji

زێر

dhahabu

زیڤ

fedha

نەفت

mafuta

وزه

nishati

بها

bei

پەیمان

mkataba

تاخ

kodi

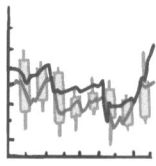

سەهام

bidhaa

كاركرن

kazi

كاركەر

mfanyakazi

كاردا

mwajiri

فابریكا

kiwanda

دكان

duka

پرۆفەسیۆن

kazi

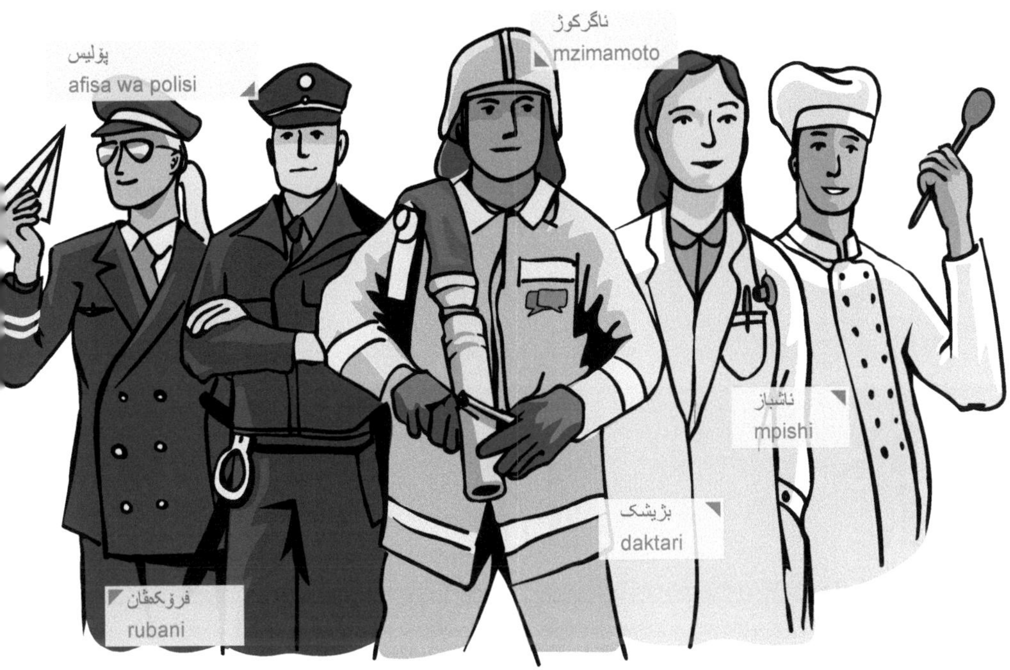

پۆلیس
afisa wa polisi
ئاگرکوژ
mzimamoto
ئاشباز
mpishi
بژیشک
daktari
فرۆکەڤان
rubani

باخچەڤان

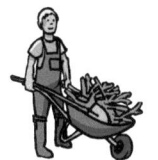

mtunza bustani

نمجار

seremala

درووناڤان

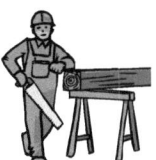

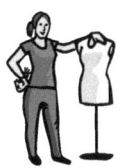

mshonaji

هاکم

hakimu

شیمیازان

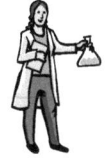

mwanakemia

شانۆگەر

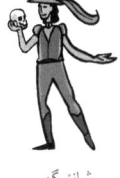

muigizaji

شوفێری باسێ

dereva wa basi

شوفێرمکی تاکسیێ

dereva wa teksi

ماسیڤان

mvuvi

پاگژکەر

mwanamke wa kusafisha

چێنکرێ بانی

mwezekaji

بەرکار

mhudumu

نێچرڤان

mwindaji

رەنگرێس

mchoraji

نانپێژ

mwokaji

کارەباڤان

umeme

ناڤاکەر

mjenzi

ئەندمزیار

mhandisi

قەساب

mchinjaji

لوولەمکار

fundi bomba

پۆستەڤان

mwanaposta

نەسكەر

mwanajeshi

میمار

msanifu majengo

دراۋگر

keshia

فرۆتكارا چیچمەكان

muuza maua

پۆرچینكەر

msusi

ناژۆۋان

kondakta

مەمكانیك

mekanika

كەشتیۋان

nahodha

پزیشكا ددانان

daktari wa meno

زانستیار

mwanasayansi

رووهان

rabbi

ئیمام

imamu

كەشە

mtawa

كەشیش

kasisi

ئامووران

zana

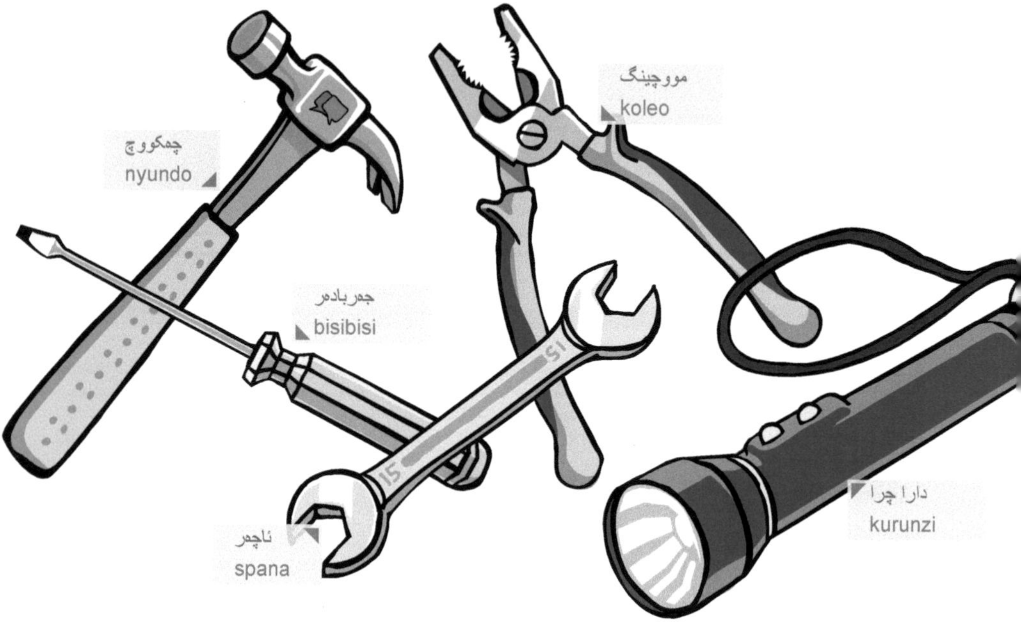

چەکووچ
nyundo
مووچینگ
koleo
جەربادەر
bisibisi
ئاچەر
spana
دارا چرا
kurunzi

شۆفەل
mchimbaji

قووتیا ئامووران
sanduku la vifaa

پەیژە
ngazi

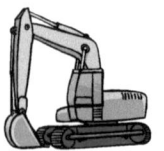

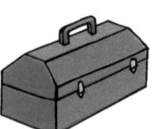

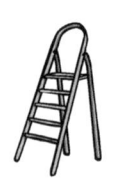

مشار
msumeno

میخ
misumari

قولکرن
kuchimba visima

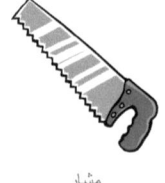

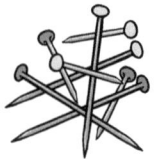

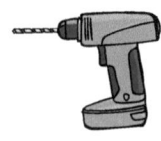

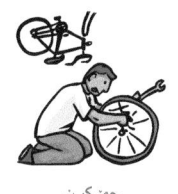

چێکرن

kukarabati

مەربێر

sepetu

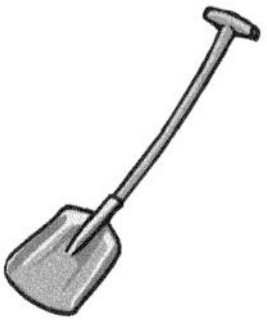

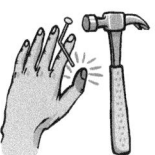

نالەت!

Lo!

بێل

kishikio cha uchafu

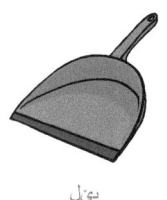

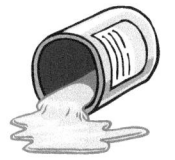

قووتیا رەنگێ

chungu cha rangi

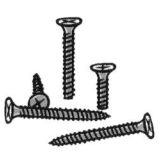

جەڕ

skurubu

ئامووریێن موزیکێ

ala za muziki

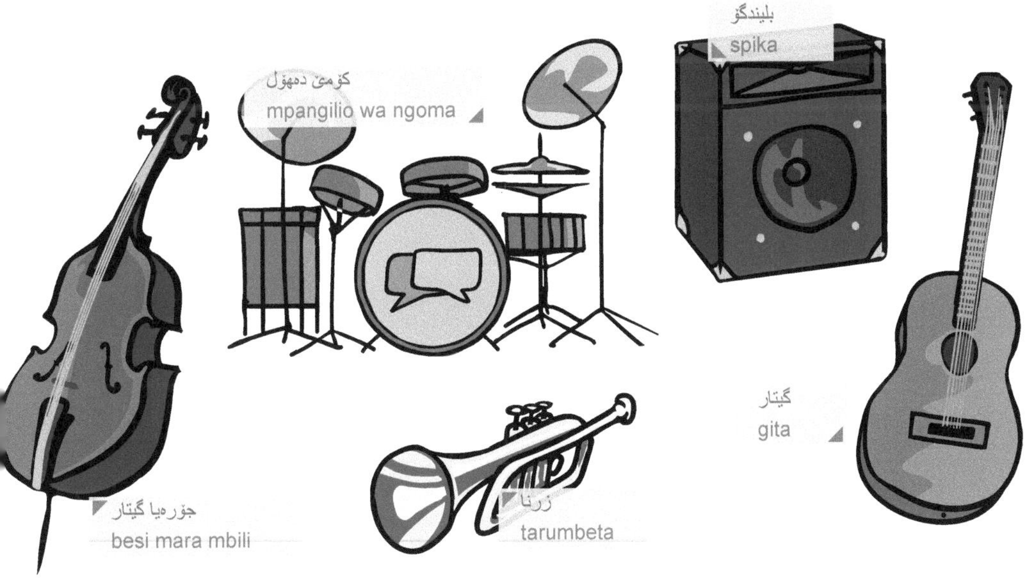
بلیندگۆ
spika
کۆمێ دەهۆل
mpangilio wa ngoma
گیتار
gita
جۆرەیا گیتار
besi mara mbili
زرنا
tarumbeta

پیانۆ

piano

ڤیۆلین

fidla

باس

ubeji

دەهۆل

timpani

داهۆل

ngoma

کەیبۆرد

kibodi

ساکسۆفۆن

saksafoni

بلوور

filimbi

میکرۆفۆن

maikrofoni

باخچا هەیوانان

bustani ya wanyama

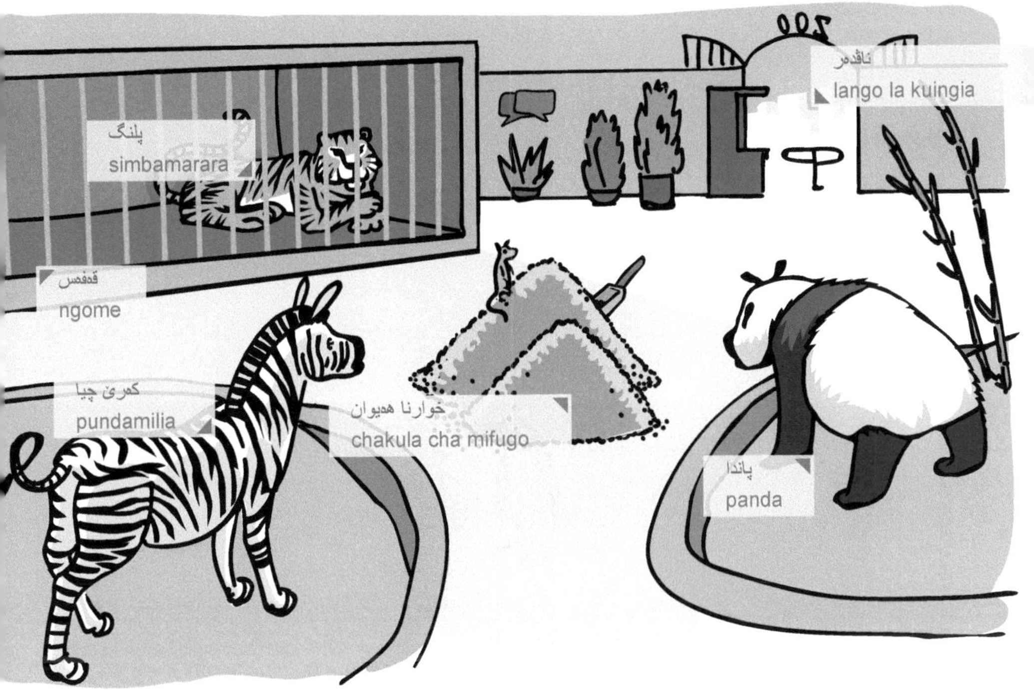
ناڤدەر
lango la kuingia
پلنگ
simbamarara
قەفەس
ngome
کەرێ چیا
pundamilia
خوارنا هەیوان
chakula cha mifugo
پاندا
panda

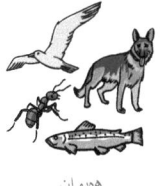

هەیوان

wanyama

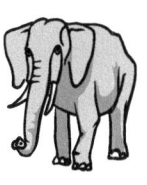

فیل

tembo

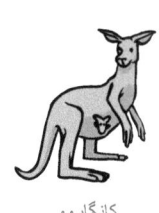

کانگاروو

kangaruu

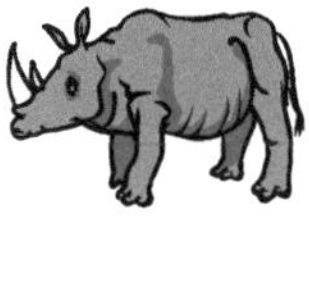

کەرکەدەن

kifaru

گوریل

sokwe

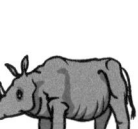

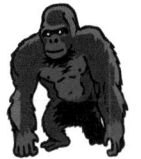

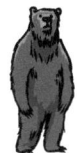

هرچ

dubu

هوّشترَ

ngamia

هوّشترَ مه

mbuni

شیر

simba

میمون

tumbili

فلامینگو

heroe

پاپاخان

kasuku

هرچا چدمسِری

dubu

پنگوین

penguini

سهماسی

papa

تاووس

tausi

مار

nyoka

تمساه

mamba

پاریزدرا باخچا ناژالان

mtunza wanyama

سهیا دریا

muhuri

پلنگ

jaguar

همسپ

mwanafarasi

پلنگ

chui

همسپێ رووبار

kiboko

جانهئ شتر

twiga

هەلۆ

tai

بەرازێ كۆڤی

nguruwe mwitu

ماسی

samaki

كووسی

kobe

والراس

sili

رۆڤی

mbweha

خەزال

paa

فووتبۆلی نامریکا
soka ya marekani

بسکلێتان
uendeshaji baiskeli

تەنیس
tenisi

باسکێتبۆل
mpira wa kikapu

ناقژمنیکرن
kuogelea

بۆخنگ
ndondi

هۆکیی سەر جەمەدێ
magongo ya barafuni

فووتبۆل
soka

بادمنتۆن
vinyoya

یێ ئاتلەتیزمێ
riadha

هەندبۆل
mpira wa mikono

بەفراژۆتن
skii

پۆلۆ
polo

چالاکیان

shughuli

کەنین
cheka
هلپەکە
kuruka
هەمبێز
kumbatia
برێڤەچوون
kutembea
لاوژە گوتن
kuimba
خەون دیتن
ota ndoto
نوێژ کرن
kuomba
ماچکرن
busu

نڤیساندن
....
kuandika

نیگار کێشان
....
kuteka

نیشان دان
....
angalia

پالدان
....
sukuma

دایین
....
kutoa

راکرن
....
kuchukua

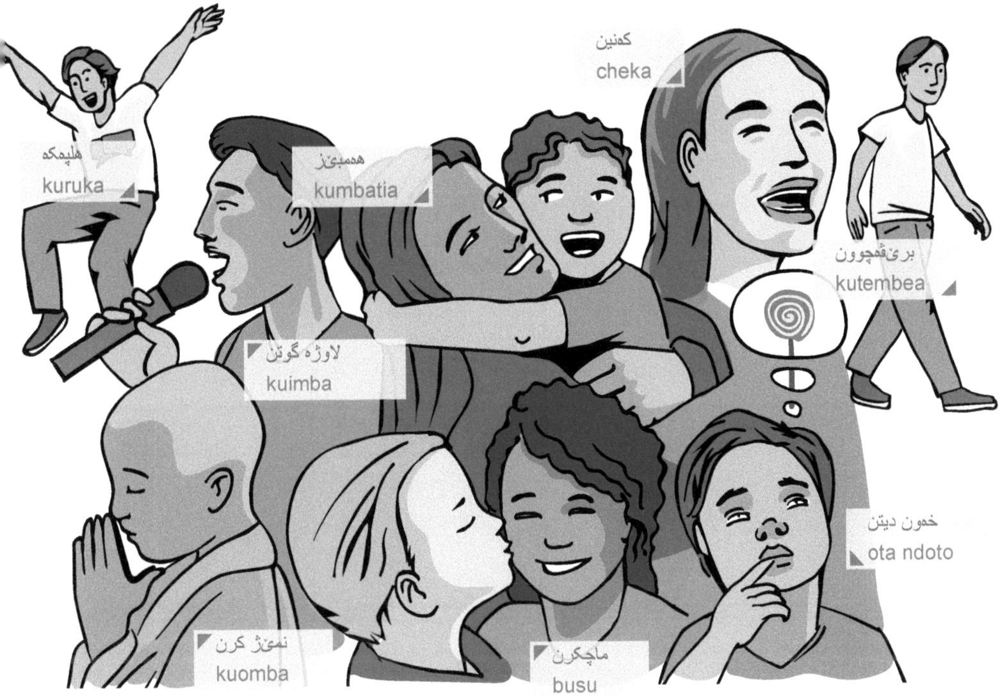

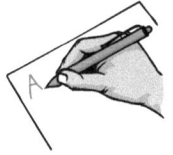

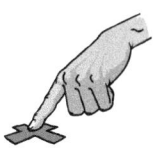

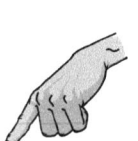

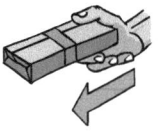

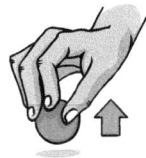

هميين

kuwa

كرن

fanya

بوون

kuwa

سمكنين

kusimama

بازدان

kukimbia

كشاندن

vuta

ناڤۆتن

kutupa

كمتن

kuanguka

دەرمو كرن

hadaa

سمكنين

kusubiri

گوهۆزتن

kubeba

روونشتن

kukaa

جل بەركرن

vaa nguo

رازان

usingizi

رابوون

kuamka

مۇزە كرن

kuangalia

گرین

lia

جملته

kiharusi

شە كرن

chana nywele

پەيڤين

ongea

فامكرن

kuelewa

پرسكرن

kuuliza

بهیستن

kusikiliza

قەمخوارن

kunywa

خوارن

kula

كۆم كرن

nadhifisha

هەزكرن

upendo

خوارن چێكرن

mpishi

ئاژۇتن

gari

فرین

kuruka

کمشٹیبقانی

meli

ھمسباندن

kokotoa

خواندن

kusoma

ھینبوون

kujifunza

کارکرن

kazi

زموجین

kuoa

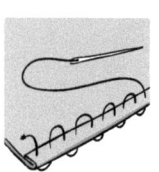

درووتن

kushona

ددان ٹوووتن

piga mswaki

کوٹتن

kuua

دووخان

moshi

ٹاندن

kutuma

داپير
bibi

باپير
babu

باب
baba

دئ
mama

يهيمک
mtoto

کمچ
binti

کور
bin

مىَقَان
mgeni

ممت
shangazi

ناپ/خال
mjomba

برا
kaka

خوشل
dada

بەدەن

mwili

ئەنی
paji la uso
چاڤ
jicho
مل
bega
تلی
kidole
روو
uso
زەنی
kidevu
دەست
mkono
لنگ
mguu
سینگ
matiti
پیل
mkono

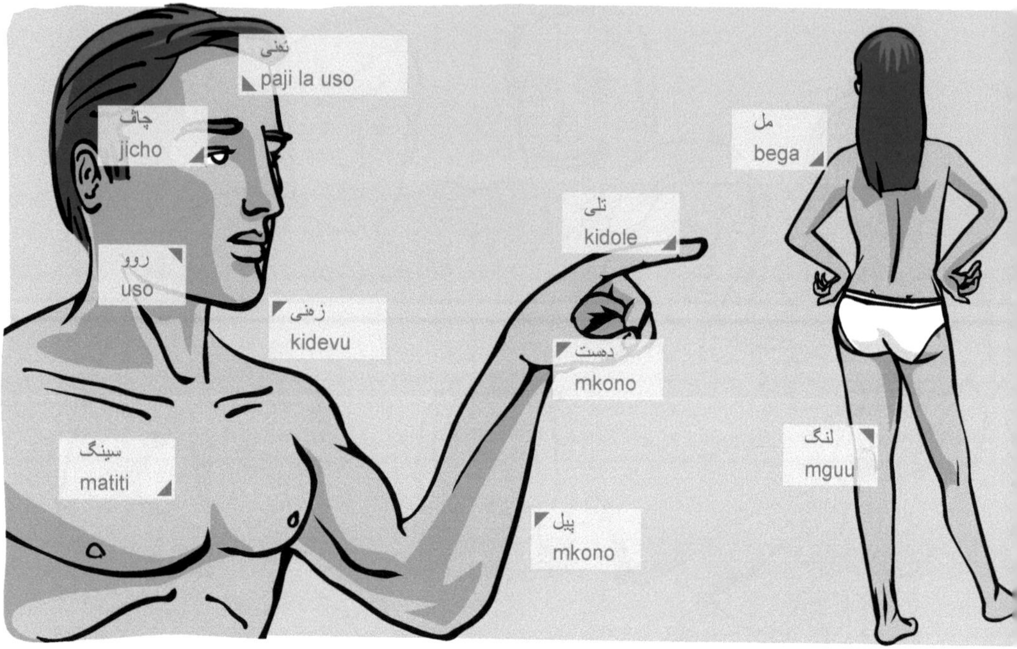

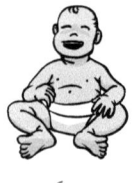

بەبەک
....
mtoto

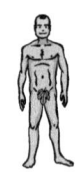

مێر
....
mwanamume

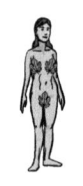

ژن
....
mwanamke

کەچ
....
msichana

کوڕ
....
mvulana

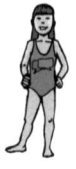

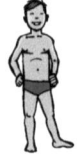

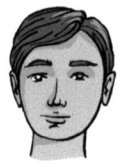

سەر
....
kichwa

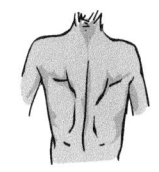

پُشت
nyuma

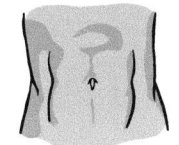

زک
tumbo

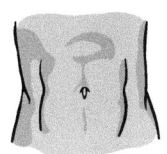

ناڤک
kitovu

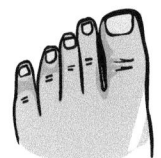

تلییا پۆ
chano

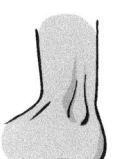

پانی
kisigino

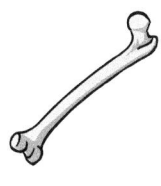

هستی
mfupa

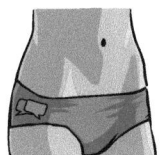

کوولیممک
nyonga

ژوونی
goti

ئۆنیشک
kiwiko

دفن
pua

قوون
chini

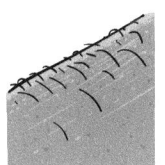

چەرم
ngozi

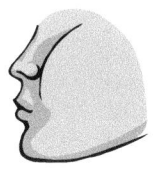

روو
shavu

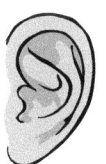

گوه
sikio

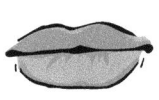

لۆئڤ
mdomo

دهف
....
kinywa

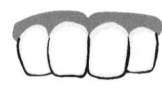

دران
....
jino

زمان
....
ulimi

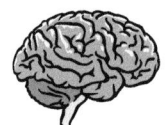

مێژی
....
ubongo

دل
....
moyo

ماسوول
....
misuli

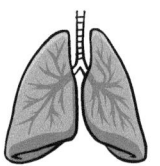

جيگەرا سپی
....
pafu

جمگەر
....
ini

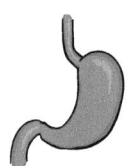

ماده
....
tumbo

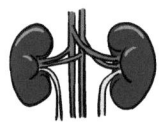

گوورچکان
....
figo

جۆتبوون
....
jinsia

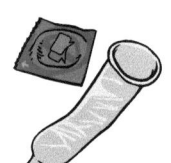

کۆندۆم
....
kondomu

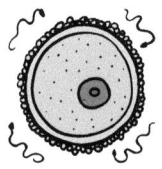

هێنک
....
ovari

تۆڤ
....
shahawa

دووجانی
....
mimba

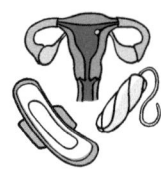

ناده
....
hedhi

قووز
....
uke

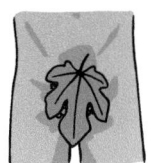

كير
....
uume

برِوو
....
unyusi

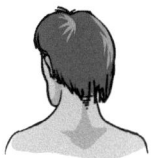

پۆر
....
nywele

هووستوو
....
shingo

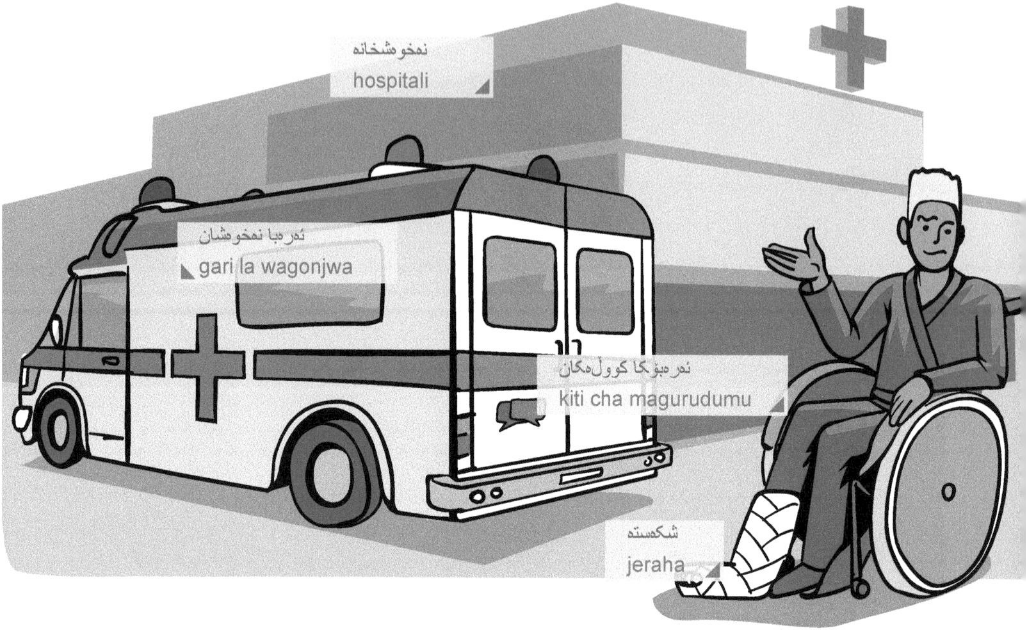

نەخوەشخانە

hospitali

نەخوەشخانە
hospitali
ئەرەبا نەخوەشان
gari la wagonjwa
ئەرەبۆکا کووڵەکان
kiti cha magurudumu
شکەستە
jeraha

بژیشک

daktari

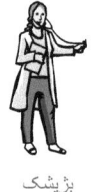

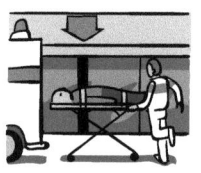

ئۆدا لەزگینێ

chumba cha dharura

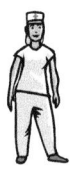

نەخوەشیار

muuguzi

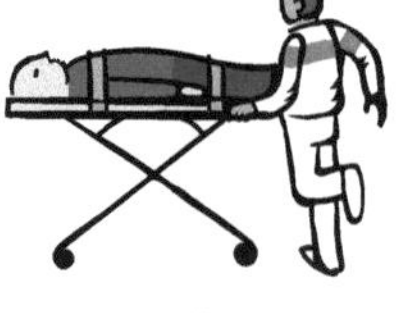

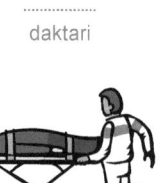

ئاجیلییەت

dharura

بێهای

kupoteza fahamu

ئێش

maumivu

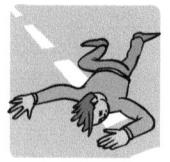

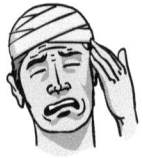

برين
....
kuumia

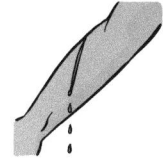

خوێنبژان
....
kutokwa na damu

هەژرشا دلی
....
mshtuko wa moyo

جملته
....
kiharusi

نالعرژی
....
mzio

کوخک
....
kikohozi

تا
....
homa

زكام
....
mafua

ناڤچووين
....
kuharisha

سەرێش
....
maumivu ya kichwa

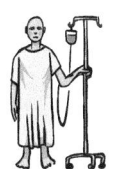

قانسێر
....
kansa

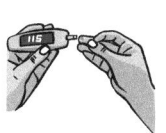

نەخوشیا شەکرێ
....
ugonjwa wa kisukari

ئەمەلیكار
....
daktari mpasuaji

سكالپێڵ
....
kisu kidogo cha kupasulia

ئەمەلی
....
operesheni

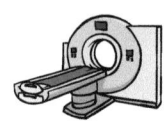

جت

picha changanufu ya mwili

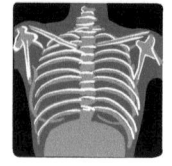

سوورەتنى رۆنتگىن

Eksrei

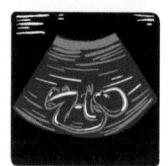

ئوولترا ساوند

mawimbi sauti

ماسكنى روويى

barakoa ya uso

نەخومشى

ugonjwa

ئودا سمكنينى

chumba cha kusubiri

گۆچان

mkongojo

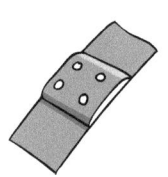

شىل

plasta

پاچنى برينى چانى

bendeji

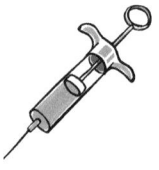

دەرزى

sindano

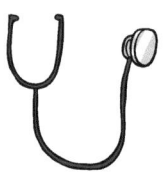

بيستوكا پزيشكى

stetoskopu

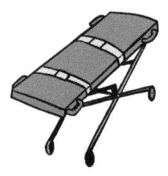

داربەست

machela

تىھنپىثا كلينيكى

kipimajoto cha kliniki

زايين

kuzaliwa

قەملەو

unene kupita kiasi

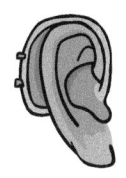

ناليكاريا بهيستئ

kusikia misaada

باكتريكوژ

kipukusi

كوتيبوون

maambukizi

ڤيرووس

virusi

هڤ / نادس

VVU / UKIMWI

دەرمان

dawa

كوتان

chanjo

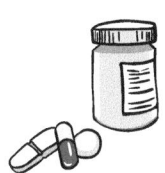

هدبان

vidonge

همب

kidonge

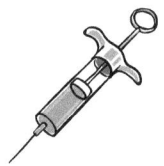

لەزگين

simu ya dharura

ديمەندەرئ پستۆ خوين

haemodainamometa

نەمخوەش / ساخ

mgonjwa / mwenye afya

dharura

هەودار!

Msaada!

ئۆریش

pigo

ئارم

kengele

ئۆریشكرن

shambulizi

تالووك

hatari

دەركەتنا ناجل

lango la dharura

ئاگر!

Moto!

ئاگر قەمراندنئ

kizima moto

قەزا

ajali

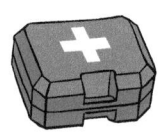

نالەتئن ناليكاريا یەكەم

vifaa vya huduma ya
kwanza

سۆس

wito wa msaada

پۆليس

polisi

ئەوروپا

Ulaya

نامەریكايا باكوور

Amerika ya Kaskazini

نامەریكايا باشوور

Amerika ya Kusini

نافریكا

Afrika

ئاسيا

Asia

ناووسترالیا

Australia

ئاتلانتیک

Atlantiki

ئۆكيانووسا مەزن

Pasifiki

ئۆكيانووسا هندی

Bahari ya Hindi

ئۆكيانووسا ئانتاركتیكا

Bahari ya Antaktiki

ئۆكيانووسا ئاركتیک

Bahari ya Aktiki

جەمسەرا باكوور

Ncha ya Kaskazini

جمسەرا باشوور
....
Ncha ya Kusini

نانتاركتیكا
....
Antaktika

ئەرد
....
dunia

ناخ
....
nchi

بەهر
....
bahari

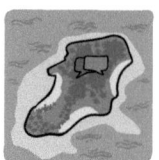

دوورگە
....
kisiwa

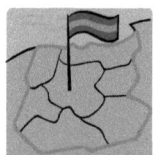

مأڵعت
....
taifa

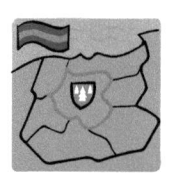

وەڵات
....
jimbo

ساعت یویر
uso wa saa

رژمیۆ ئەکرەدەر نیشاندەر
akrabu ya saa

قەدد ئاکرەر نیشاندەر
akrabu ya dakika

سانیه ئاکرەر نیشاندەر
akrabu ya sekunde

چەندە؟ تێس
Ni saa ngapi?

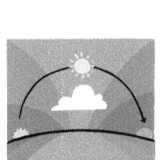

رۆژ
siku

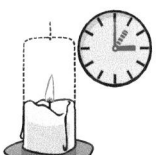

دەم
wakati

نها
sasa

دجیتال ساعتی
saa ya dijitali

دقەد
dakika

تێس
saa

دووشەم
Jumatatu

چارشەم
Jumatano

يذ/هەينى
Ijumaa

سێشەم
Jumanne

پێنجشەم
Alhamisi

شەمى
Jumamosi

يەکشەم
Jumapili

دوه
jana

ئێرۆ
leo

سبەى
kesho

سبە
asubuhi

نيوەڕۆ
saa sita mchana

ئێۆار
jioni

رۆژێن کارئ
siku za biashara

داويا هەفتە
mwishoni mwa wiki

سال

mwaka

باران
mvua
کەسکەسۆر
upinde wa mvua
با
upepo
بەفر
theluji
بهار
majira ya machipuko
هاوین
kiangazi
پاییز
vuli
زستان
majira ya baridi

4.APRIL 11°
5.APRIL 4°
6.APRIL 13°
7.APRIL 8°
8.APRIL 10°

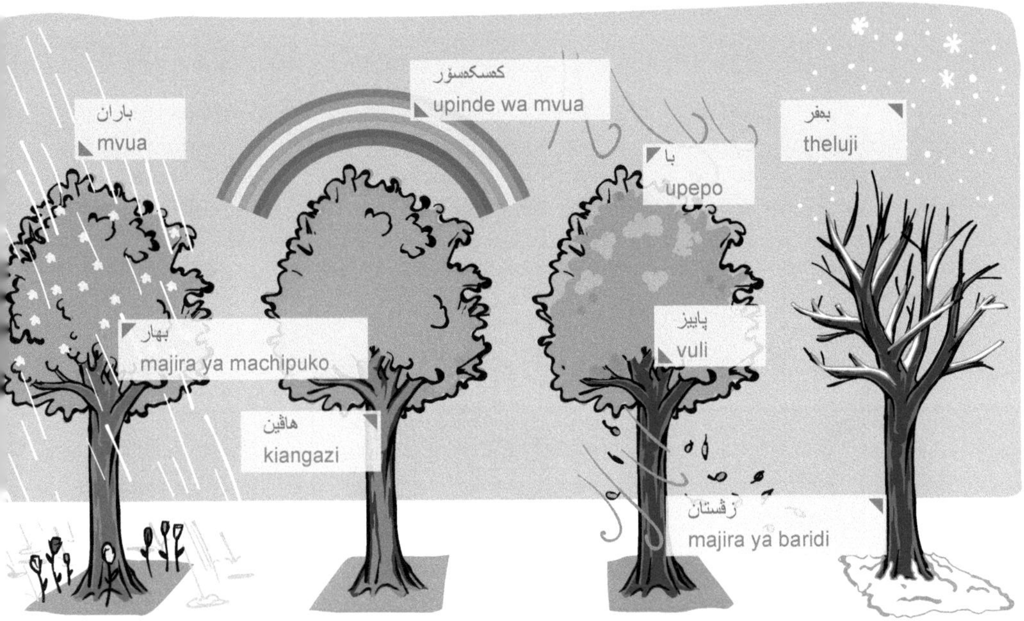

پێشبینیا هەوا

....

utabiri wa hali ya hewa

F
C
120
90
60
30
0
-30
40
30
20
10
0
-10
-20

تەهنپیڤ

....

kipimajoto

تاڤ

....

mwanga wa jua

هەور

....

wingu

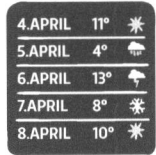

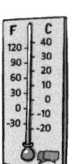

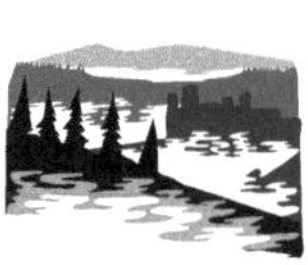

مژ

....

ukungu

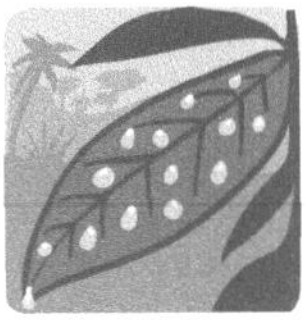

هێمی

....

unyevu

برق
....
umeme

برووسک
....
radi

توفان
....
dhoruba

تەرگ
....
mvua ya mawe

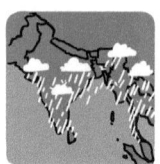

مانسوون
....
monsuni

لەھی
....
mafuriko

جەمەد
....
barafu

رێبەندان
....
Januari

رەشەمە
....
Februari

نەورۆز
....
Machi

گولان
....
Aprili

جۆزەردان
....
Mei

پووشپەڕ
....
Juni

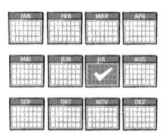

گەلاوێژ
....
Julai

خەرمانان
....
Agosti

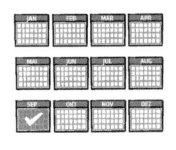

رەزبەر

Septemba

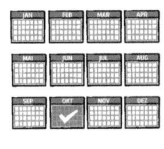

کەوچێر

Oktoba

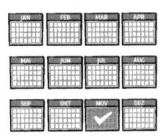

سەرماوەز

Novemba

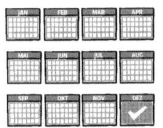

بەفرانبار

Desemba

چەمبەر

mduara

چارچک

mraba

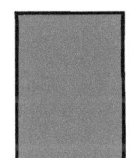

چارگۆزی

mstatili

سێگۆزی

pembetatu

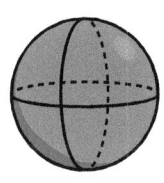

قادا

nyanja

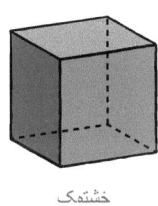

خشتەک

mchemraba

سپی

nyeupe

زهر

manjano

پرتهقالی

chungwa

پهمبه

rangi ya waridi

سۆر

nyekundu

مۆر

hudhurungi

شین

bluu

کهسک

kijani

قهمووییی

hanja

گەور

jivujivu

رهش

nyeusi

زۆر / کێم

mengi / kidogo

ب هێرس / بێدەنگ

hasira / pole

بەدوو / نەرند

nzuri / mbaya

دەستپێک / داوی

mwanzo / mwisho

مەزن / بچووک

kubwa / ndogo

رۆنی / تاری

angavu / giza

براک / خوشک

kaka / dada

پاگژ / گرێژ

safi / chafu

تەواو / نەتەمام

kamilika / tokamilika

رۆژ / شەو

siku / usiku

مری / زندی

wafu / hai

فرە / تەنگ

pana / nyembamba

خوشم / نمخوشم

kulika / kutolika

نمباش / باش

ovu / ema

ب همیمجان / ناجز

sisimkwa / udhika

قملمو / زراڤ

nene / nyembamba

يمكممين / داوين

kwanza / mwisho

همڤال / دژمن

rafiki / adui

تژی / ڤالا

jaa / tupu

رمق / نرم

ngumu / laini

گران / سڤک

nzito / nyepesi

برچی / تینی

njaa / kiu

نمخومش / ساخ

mgonjwa / mwenye afya

نمقانوونی / قانوونی

haramu / kisheria

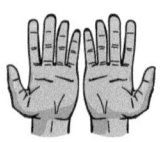

رموشمنبیر / بالووله

akili / kijinga

چپ / راست

kushoto / kulia

نئزی / دوور

karibu / mbali

نوو / بکارهاتی

mpya / kutumika

هیچ / تشتمک

kitu / jambo

کال / جوان

zee / changa

ل / ژ

waka / zima

فمکری / گرتی

wazi / fungwa

نارام / دمنگیلند

utulivu / kelele

دەولەمەند / رەبىن

tajiri / masikini

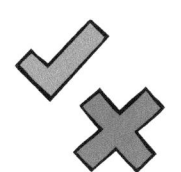

راست / شاش

sahihi / kosa

دڕ / هلوو

mbaya / laini

خەمگین / شا

huzunika / furahia

کورت / درێژ

fupi /ndefu

هێدی / زوو

polepole / haraka

شل / زوا

nyevu / kavu

گەرم / هێنک

joto / baridi

شەڕ / ئاشتی

vita / amani

0	**1**	**2**
سفر	یمک	دوو
sufuri	moja	mbili

3	**4**	**5**
سێ	چار	پێنج
tatu	nne	tano

6	**7**	**8**
شەش	هەفت	هەشت
sita	saba	nane

9	**10**	**11**
نۆ	دە	یازدە
tisa	kumi	kumi na moja

12

دازده

kumi na mbili

13

سوزده

kumi na tatu

14

چارده

kumi na nne

15

پازده

kumi na tano

16

شازده

kumi na sita

17

همفده

kumi na saba

18

هدژده

kumi na nane

19

نۆزدمه

kumi na tisa

20

بیست

ishirini

100

سمد

mia

1.000

همزار

elfu

1.000.000

ملیۆن

milioni

ئينگليزى

Kiingereza

ننگليزيا نامەريكى

Kiingereza cha Marekani

چينى ماندارين

Kimandarini cha Uchina

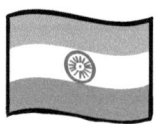

هيئندى

Kihindi

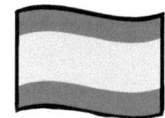

ئيسپانيۆلى

Kihispania

فرەنسى

Kifaransa

ئەرەبى

Kiarabu

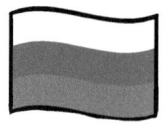

رووسى

Kirusi

پۆرتوگالى

Kireno

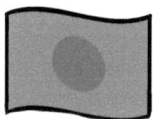

بەنگالى

Kibengali

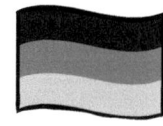

ئەلمانى

Kijerumani

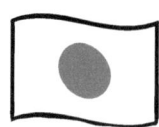

ژاپۆنى

Kijapani

من

mimi

تو

wewe

ئهو / ئهڤ / ئهو

yeye / yeye / ni

ئێمه

sisi

تو

wewe

ئهوان

wao

کێ؟

nani?

چ؟

nini?

چاوا؟

jinsi gani?

کێدهرێ؟

wapi?

کهنگی؟

lini?

ناڤ

jina

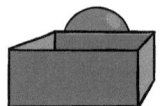

پښتی

nyuma

katika

پیښی

mbele ya

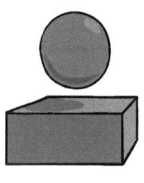

سهر

juu ya

سهر

kwenye

بن

chini ya

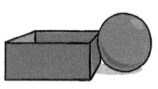

کئلمک

kando

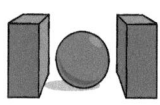

ناقبهر

kati

جه

mahali